LE

GÉNÉRAL COLLINEAU

DES SABLES-D'OLONNE (VENDÉE)

PAR

LUDOVIC VALLETTE

JUGE SUPPLÉANT AU TRIBUNAL DES SABLES-D'OLONNE

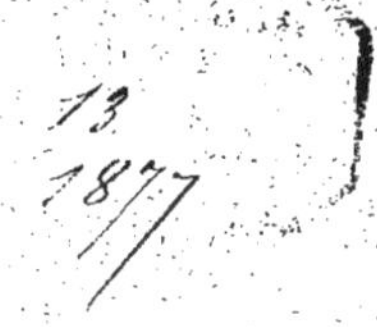

LES SABLES-D'OLONNE

E. MAYEUX, LIBRAIRE-ÉDITEUR

Rue du Centre, 3

1877

LE

GÉNÉRAL COLLINEAU

FONTENAY-LE-COMTE. — IMPRIMERIE CH. CAURIT.

LE

GÉNÉRAL COLLINEAU

DES SABLES-D'OLONNE (VENDÉE)

PAR

LUDOVIC VALLETTE

JUGE SUPPLÉANT AU TRIBUNAL DES SABLES-D'OLONNE

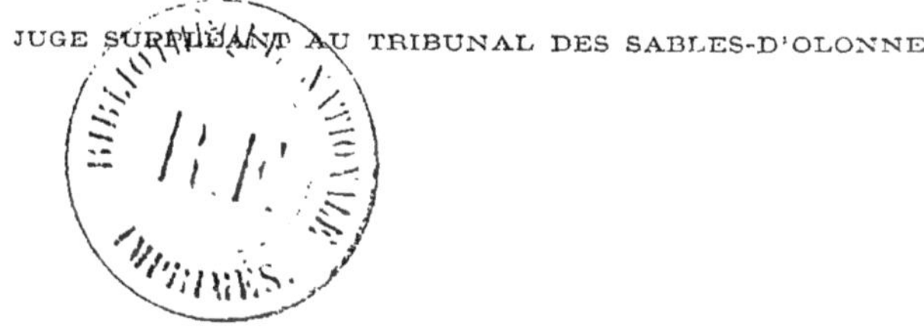

LES SABLES-D'OLONNE

E. MAYEUX, LIBRAIRE-ÉDITEUR

Rue du Centre, 3

—

1877

Il y a douze ans, parcourant pour la première fois les salles du Musée du Luxembourg, je m'arrêtais tout à coup saisi d'une émotion profonde devant la vaste toile du peintre Yvon, portée au livret sous le titre : la Prise de Malakoff (1). *Je me sentais littéralement « empoigné », pour employer le langage artistique, devant le tableau de cette mêlée, devant ce carnage, devant cette attaque à la baïonnette si terrible à force d'être vraie. Mais, entre tous ces personnages que la main vigoureuse de l'artiste avait su tirer de sa riche palette pour les fixer sur la toile, il en était un dont je ne pouvais détacher mes regards. Placé au premier plan en pleine lumière, le sabre au poing et l'œil en feu, un colonel de zouaves conduisait ses intrépides compagnons à l'assaut, oubliant ses propres blessures et le sang qui l'aveuglait, malgré les bandages improvisés qui entouraient son front meurtri.*

Quelle belle et énergique figure ! Et comme le peintre, en conservant les traits de son modèle, avait su lui donner cette noble attitude si bien digne de son admiration !

---

(1) Cette toile n'est plus au Luxembourg. Elle se trouve actuellement au Musée de Versailles, dans la partie interdite au public, par suite de la présence des Chambres dans cette ville.

Cet officier n'était pas, en effet, un étranger pour nous. C'était un compatriote, un Vendéen, un enfant des Sables-d'Olonne : c'était le colonel Collineau.

Certes, nous ne nous doutions pas alors que nous essaierions un jour de nous faire le biographe de ce vaillant soldat, dont la vie n'a été qu'une longue série de fatigues et de dangers. Fils de ses propres œuvres, Collineau a su s'élever du dernier degré de l'échelle militaire jusqu'au grade de général de division par sa seule force de volonté, son énergie, son courage et son patriotisme à toute épreuve. Pourquoi faut-il que la mort, la mort implacable dans ses arrêts, soit venue trop tôt briser une existence si noble et si bien remplie !

Le prince des panégyristes, Bossuet, prononçant l'oraison funèbre du grand Condé, disait :

« *Nous ne pouvons rien, faibles orateurs, pour la gloire des* » *âmes extraordinaires. Le sage a raison de dire que* leurs » seules actions les peuvent louer. *Toute autre louange languit* » *auprès des grands noms.....* »

Ces paroles du plus illustre des orateurs de la chaire ne peuvent-elles pas s'appliquer au général Collineau ? Comment saurions-nous lui rendre meilleure justice qu'en faisant sans pompe et sans emphase le récit simple, mais en même temps fidèle et complet, de la vie du général ?

Nous le suivrons donc pas à pas depuis les débuts jusqu'à la fin prématurée de sa carrière, heureux d'avoir pu rappeler ainsi le souvenir de ce brave, dont toute la vie, dont les derniers moments mêmes n'ont été qu'abnégation et dévouement. Cette tâche, disons-le tout de suite, nous sera rendue moins difficile par les documents authentiques qu'il nous a été permis de consulter, et surtout par les précieux détails, pour la plupart complètement inédits, qu'a bien voulu nous communiquer un des honorables membres de la famille même du général Collineau (1).

---

(1) Qu'il me soit permis d'en adresser ici tous mes remercîments au R. P. Collineau, frère du général, et missionnaire de la Société des Enfants de Marie-Immaculée à Chavagnes-en-Paillers (Vendée).

*
* *

Collineau (Edouard-Isaïe) naquit aux Sables-d'Olonne le 22 novembre 1810.

Fils de Guy-Charles Collineau, né à Ingrande, petite ville de l'Anjou située sur la Loire, le 13 mai 1765, et de Catherine Macouin, née aux Sables-d'Olonne le 15 janvier 1778, il appartient donc à la Vendée par sa mère ; et son aïeul maternel, capitaine au long cours, était lui-même, comme toute sa famille, originaire de la ville des Sables.

Guy-Charles Collineau avait de nombreux enfants ; aussi, sa fortune modeste ne lui permit-elle pas de leur faire donner à tous une instruction aussi complète qu'il l'eût désiré ; mais, du moins, les onze fils nés de son mariage avec Catherine Macouin reçurent-ils, tous, les principes solides et ineffaçables d'une éducation première où la morale et la religion occupaient les places d'honneur.

Edouard-Isaïe, dont nous écrivons aujourd'hui la vie, était le huitième des onze fils Collineau. Montra-t-il de bonne heure une vocation bien arrêtée pour la carrière militaire où il devait s'illustrer? Nous n'oserions l'affirmer ; car nous le voyons apprendre à quatorze ans la profession de chapelier, et l'exercer jusqu'à l'âge de vingt ans. Mais ce qui est certain, du moins, c'est que, dès son enfance, il donna bien des preuves de ce sang-froid et de ce courage qui ne l'abandonnèrent jamais, et que parmi ses jeunes camarades, parmi ses compagnons de jeux, il avait acquis une réputation de bravoure qu'aucun d'eux n'aurait voulu lui contester.

A vingt ans, lorsque l'heure vint sonner pour lui de tirer au sort, il plongea la main dans l'urne avec le calme et la sérénité d'un homme qui ne marchandera pas son sang et son dévouement pour la patrie. Il en sortit le numéro 5 : dès lors son parti était pris. Le jeune chapelier renonça aussitôt à sa profession. Comme son excellent père voulait l'exonérer ainsi qu'il l'avait fait pour ses frères plus âgés, Edouard-Isaïe refusa ce nouveau sacrifice, bien décidé à suivre la voie que le sort venait de lui tracer; et sans attendre l'appel du contingent dont il faisait partie, il s'enrôla volontairement le 14 mars 1831 dans le 18e régiment d'infanterie légère. C'est là que nous le voyons faire ses premières armes et gagner ses premiers galons, car il resta dans le régiment jusqu'au mois de septembre 1836.

D'une taille moyenne, plutôt petite que grande, mais assez bien prise, Collineau avait des traits réguliers. Son teint, un peu brun, ne l'empêchait cependant pas d'avoir l'air ouvert; et bien qu'il fût naturellement très vif, ses yeux et toute sa physionomie avaient une expression habituelle de douceur que l'on retrouvait dans le son de sa voix. Mais, par le fait d'une contrariété, quelquefois même provoquée par un très léger motif, sa figure se modifiait en un instant, et de douce et bienveillante qu'elle était dans son état normal, elle devenait tout à coup sérieuse et sévère, en même temps que sa parole prenait une allure brève et saccadée.

Chez Collineau, en effet, on trouvait côte à côte la bonté et la sévérité, deux qualités qui semblent s'exclure chez un même individu. Oui, il était bon et sévère à la fois; mais la raison l'emportait sur tout le reste et était la maîtresse souveraine de tous ses actes, de tous ses sentiments. Inaccessible aux passions violentes, il était doué d'un sang-froid extraordinaire, et tout, chez lui, était mesuré et raisonné. Aussi le voyons-nous inexorable pour les fautes issues d'un mauvais vouloir, d'un fonds de bassesse et de perversité, et indulgent, au contraire, pour les erreurs qui n'étaient que l'effet de l'ignorance, de la surprise ou de la faiblesse.

Cet accouplement de deux qualités aussi différentes, l'indulgence et la sévérité, trouvera peut-être son explication dans l'organisation physique et morale du général. Doué, en effet, d'une énergie et d'une force de volonté excessives, il n'avait à leur service qu'une constitution physique relativement délicate ; et sa vigueur musculaire était loin de répondre à sa force morale. En sorte que, si d'un côté il était tenté de se montrer par trop exigeant vis-à-vis des autres comme vis-à-vis de lui-même, d'un autre côté il se sentait bien vite rappelé à la réalité par les limites des forces humaines, et il se laissait volontiers aller à l'indulgence. Mais lorsqu'il se trouvait en face d'une faute véritable, d'une faute dont le motif était pour lui hors d'excuse, il restait alors inflexible, et il appliquait dans toute sa rigueur sa devise habituelle, cette devise qui lui revenait si souvent à la bouche: *Quand il faut, il faut!* Ces mots suffiraient à eux seuls à peindre l'homme tout entier.

Cette nature essentiellement énergique était cependant susceptible des sentiments les plus tendres. Collineau se plaisait à laisser son cœur se livrer à ses épanchements affectueux, et il faudrait lire sa correspondance pour voir combien il aimait sa famille, ses frères, ses amis. Au milieu de tous les succès de sa vie militaire, il ne regrettait rien tant que la séparation forcée d'avec les siens. Obligeant, il ne refusait jamais un service, et lorsqu'à son tour il en recevait un, il savait toujours en garder le souvenir et s'en montrer reconnaissant. Aussi était-il universellement aimé et estimé; et ses chefs eux-mêmes, les généraux dont il devait devenir l'égal et le collègue, le traitaient bien longtemps auparavant, dans les lettres qu'ils lui adressaient, sur un pied d'intimité qui dénote suffisamment toute l'estime et toute la sympathie qu'ils avaient pour lui.

Il est de tradition, chez nous, de dire que tout conscrit, en quittant son village, emporte dans sa giberne le bâton de maréchal de France. Edouard-Isaïe Collineau, parti simple conscrit, serait incontestablement parvenu à cette éminente position, sans la fin malheureuse qui brisa sa carrière militaire.

Et pourtant, le bagage du jeune volontaire était bien léger, lorsqu'il quitta sa ville natale et tous les êtres si chers qu'il laissait derrière lui! Comment prévoir alors que le jeune ouvrier chapelier, qui n'avait fréquenté les écoles que juste assez pour apprendre à lire, à écrire, et un peu à calculer; comment prévoir que ce jeune homme, encore presque un enfant, dont l'instruction était si incomplète que les plus simples notions d'orthographe lui étaient tout à fait étrangères, deviendrait un jour le général Collineau, l'une des gloires de la ville des Sables, de la Vendée, de la France toute entière?

Quelle force de volonté, quelle persévérance silencieuse et assidue ne dut-il pas lui falloir pour arriver à combler les nombreuses lacunes de son instruction première? Mais Collineau n'était pas homme à se laisser arrêter par des obstacles qui eussent été pour tant d'autres des barrières insurmontables. Il sentit le besoin de travailler, et il travailla courageusement, suivant les cours des régiments ou étudiant tout seul durant les moments de loisirs que pouvait lui laisser son service. Officier, il prit des maîtres, car il voulait être à la hauteur de sa nouvelle position, et se montrer en tous points digne de porter cette épaulette dont il avait bien le droit d'être fier. Il était arrivé ainsi à écrire très facilement et très rapidement, grâce à son travail constant, mais grâce aussi à son organisation naturelle. Car, il faut bien le dire, il y avait chez lui un grand fonds d'intelligence; et quoique tardivement cultivée, cette intelligence, secondée par une heureuse mémoire et par une imagination fertile, le portait d'elle-même vers les études historiques, vers les recherches artistiques et archéologiques... Mais tous ses efforts restèrent impuissants à réformer les défauts de sa mauvaise diction. Collineau ne devint jamais orateur : son éloquence, à lui, était toute dans ses actes.

---

*
* *

Nous venons de montrer l'homme privé, nous allons essayer d'esquisser le soldat.

Combien de campagnes, de faits d'armes, de traits de courage, ne devrons-nous pas rappeler ? Il nous faudrait faire une histoire minutieuse et détaillée de toutes les expéditions auxquelles il a pris part, pour n'omettre aucune des innombrables circonstances où il s'est montré ce qu'il était toujours : l'esclave du devoir et de la consigne, le parfait modèle, en un mot, du véritable soldat français.

Mais, laissons la parole aux faits et aux dates, en nous bornant à garantir leur entière exactitude.

Engagé volontaire, le 14 mars 1831, dans le 18e régiment d'infanterie légère, Collineau fut nommé successivement, sans quitter ce corps, caporal le 23 mars 1832, caporal-fourrier le 18 avril et sergent-fourrier le 24 septembre de la même année.

Deux ans plus tard, le 25 avril 1834, il est sergent-major, fonctions qu'il remplit jusqu'au mois de septembre 1836. A cette époque, on formait à Pau un corps auxiliaire pour le compte du gouvernement espagnol : Collineau y fut envoyé en qualité de sous-lieutenant. Mais, au moment où il le rejoignait, ce corps fut licencié, et notre jeune officier, redevenu sergent-major, fut incorporé avec son grade dans la légion étrangère : c'était le 1er octobre 1836.

Trois mois après, le 11 janvier 1837, il s'embarquait pour l'Afrique, qui devait être le théâtre de ses premiers combats.

Dès cette même année, nous le voyons au siége et à la prise de Constantine ; et le 8 janvier de l'année suivante, il est nommé adjudant sous-officier. Deux mois plus tard, le 4 mars 1838, il obtenait enfin l'épaulette de sous-lieutenant, si ardemment convoitée par lui.

En 1839, il prend part au siége et à l'occupation de Gigelly.

Le 30 décembre 1840, compris avec son grade dans la formation du 2e régiment de la légion étrangère, il fait, avec ce corps, partie des troupes qui s'emparent de Cherchell. Ce fut là qu'il se signala pour la première fois d'une façon toute particulière à l'attention de ses chefs. Voici dans quelle circonstance : Le 10 janvier 1841, le commandant Gauthrin était sorti à quatre heures du matin pour opérer une razzia, et il avait réussi à s'emparer d'une quantité considérable de pièces de bétail, lorsqu'au retour il se trouve assailli par les Arabes et tombe frappé de deux balles. Un combat acharné s'engage sur le corps du malheureux commandant, que nos soldats ne veulent pas laisser aux mains de l'ennemi ; mais ils sont obligés de reculer devant le nombre. Collineau s'élance seul pour faire tête aux Arabes ; se défendant d'une main avec son sabre, il retenait de l'autre le cadavre de son chef, et ce n'est qu'à bout de forces, épuisé par une lutte acharnée mais inégale, qu'il est obligé de lâcher prise après avoir essuyé toute une décharge, qui n'eut d'autre résultat que de loger deux balles dans sa tunique, sans lui faire la moindre égratignure.

Promu lieutenant le 17 mars 1842, il va tenir garnison à Ghelma, prend part à l'expédition dirigée contre les Ouled-Han, et se fait citer à l'ordre de la division de Constantine.

L'année suivante, sa belle conduite dans les sorties opérées par la garnison de Bougie, les 25 janvier et 15 février 1843, lui vaut les félicitations du ministre de la guerre.

A la suite de l'expédition de Thébessa (1844), il est nommé capitaine le 26 janvier 1845, et fait partie, en cette qualité, du corps envoyé contre les Arectas.

Le 7 juin 1846, blessé d'un coup de feu à la main droite au combat de Sidi-Chelkan, contre les Nemenchas, il continue à se battre, et sans même prendre le temps de faire panser sa blessure, il reste à la tête de sa compagnie. Tant de courage ne pouvait pas demeurer sans récompense : le 22 avril 1847, il recevait la croix de chevalier de la Légion d'honneur. Poursuivant sa lutte contre les Kabyles, il se distingua de nouveau dans les affaires des 16 et 17 mai ; et c'est à la suite d'une de ces journées si glorieuses pour lui, où il quittait le champ de bataille avec sa capote trouée de six balles, que le général Bedeau vint lui-même lui décerner publiquement des éloges à la face de l'armée.

Collineau tenait garnison à Batna, lorsqu'il reçut sa nomination de capitaine adjudant-major, le 20 octobre 1848. Et l'année suivante, il méritait encore l'honneur d'être cité dans un rapport du général Herbillon, commandant la province de Constantine, pour sa brillante conduite dans le combat livré par la garnison de Biskra, le 17 septembre 1849, près de Seriana. Du 17 octobre au 26 novembre de cette même année, il remplit les fonctions d'adjoint au major de tranchée, pendant toute la durée du siége de Zaatcha : il y déploya une activité, une bravoure et un dévouement qui firent l'admiration de l'armée.

Envoyé de nouveau contre les Nemenchas, il demande lui-même, à la suite de cette expédition, à être investi du commandement de Biskra, décimée alors par le choléra. Il arriva dans cette place le 24 août 1850, au moment où le fléau faisait le plus de ravages : la mort n'épargnait personne. Calme, zélé, d'une activité infatigable au milieu de tant de désolations, il sait pourvoir à tout et relever, par son attitude, les courages abattus. Il exerça ce dangereux commandement jusqu'au 23 septembre, époque où il fut atteint lui-même par l'épidémie. Assez heureux pour en triompher, il mérita par sa conduite en ces circonstances critiques les témoignages de satisfaction du gouverneur général de l'Algérie et du général de Saint-Arnaud, qui commandait alors la division de Constantine.

Peu de temps auparavant, Collineau s'était fait remarquer par des services d'un autre ordre qui lui acquirent également des titres à la reconnaissance publique : nous voulons parler des travaux et des recherches archéologiques entrepris par le 2e régiment de la légion étrangère, sous la direction du colonel Carbuccia, dans la subdivision de Batna. Notre capitaine y prit une part très active, et c'est à lui notamment que l'on doit la découverte, à Lambès, d'un mausolée que l'on croit être le tombeau de Syphax.

A peine échappé au choléra, il marche de nouveau contre les Kabyles; et le 12 mai 1851 il a la cuisse gauche traversée par un coup de feu, dans un combat livré contre les Beni-Mimoun. Il avait ce jour-là sous ses ordres une division de grenadiers.

Le 8 août suivant, Collineau était nommé chef de bataillon, et le 25, commandant provisoire du cercle de Biskra.

Le 22 mai 1852, il remportait à M'lili un des plus brillants succès de la conquête algérienne. Cette victoire eut, en effet, pour résultat immédiat d'arrêter l'insurrection qui se propageait dans les Bibans et se serait répandue dans l'Aurès et le Hodna.

Ce combat, dont l'honneur revient à notre Collineau, mérite un récit détaillé que nous extrayons textuellement du rapport du gouverneur général de l'Algérie sur les opérations militaires de l'année 1852 :

«..... L'insurrection de l'est de la province de Constantine » avait pris des proportions considérables, et sans doute elle » eût éclaté plus tôt sans un succès qu'obtint le commandant » supérieur de Biskra, le chef de bataillon Collineau. Cette » affaire lui fit le plus grand honneur ainsi qu'à la poignée de » soldats avec laquelle il osa la tenter.

» Le 21 mai, cet officier supérieur, qui surveillait par ses » espions les démarches du chérif, apprit que celui-ci venait » d'arriver à cinq lieues environ au sud du Zab-Guebli. Le danger » était qu'il prît pied dans un des villages de l'Oasis. Il fallait » prévenir à tout prix une circonstance qui eût entraîné les » plus grands embarras. A la tête de 50 chasseurs, de 32 spahis » et de 80 cavaliers de la Deïra de Ben-Gannah, le commandant » Collineau, dans la soirée du 21, se porta sur Oumach. Il » devait sur ce point trouver des nouvelles : on n'en avait » aucune. Il poussa sur Ourbal, même tranquillité. A la pointe » du jour, 400 cavaliers des Nomades, 175 des Oulal-Saoula, » le goum de l'Outaïa (40 chevaux), 100 saharis de Bétoum » reçurent l'ordre de faire une reconnaissance sur tout le sud » du Zab et de Sâada. Ils n'allèrent qu'à une petite distance » et revinrent sans avoir rien vu. Vers onze heures et demie, » on vient tout à coup annoncer au commandant que le chérif » était campé au sud de l'Oued-Djeddi, près de l'oasis de » M'lili, et que ses cavaliers y avaient déjà fait irruption. Tout » le monde monta à cheval, et l'on marcha aussitôt sur M'lili, » en côtoyant l'Oued-Djeddi. Bientôt on aperçut une masse » compacte de chameaux et de fantassins, et au milieu la tente » du chérif. Cette masse présentait un ordre de bataille oblique » à la direction de l'Oued-Djeddi. 400 cavaliers environ étaient » réunis sur la gauche, 200 à 250 environ derrière l'infanterie, » comme pour la pousser au combat ou comme réserve ; il » pouvait y avoir 2,500 fantassins.

» Ce moment était solennel. Notre goum, plein d'ardeur au » départ, s'était refroidi. Le Cheick-el-Arabe subissait l'in- » fluence de la situation extrême où l'on était. Les 120 cavaliers » de la Deïra et de l'Outaïa faisaient seuls bonne contenance. » Il fallait redouter un combat en détail, où les nombreux » fantassins du chérif eussent garni les escarpements de l'Oued- » Djeddi.

» Poussé par le sentiment du danger et par l'appréciation de

» la situation politique qu'une retraite, d'ailleurs presque im-
» possible, aurait entraînée, confiant dans la valeur des offi-
» ciers qui l'entouraient et de la troupe qu'il commandait, le
» commandant Collineau se décida à attaquer. Le Cheick-el-
» Arabe eut ordre de se porter avec sa cavalerie sur les goums
» ennemis, de les disperser et de se rabattre sur les flancs de
» l'infanterie que les chasseurs, les spahis et le goum de la
» Deïra allaient attaquer de front. La cavalerie, formée en
» quatre pelotons, se mit en bataille; elle se dirigea de ma-
» nière à prendre obliquement l'aile droite des fantassins, afin
» de la rejeter sur leur gauche, menacée par les goums.
» La charge fut entamée et poussée avec une vigueur sans
» égale : les fantassins ennemis attendaient sans tirer. La
» ligne fut enfoncée et la charge poussée avec une telle
» ardeur que le chérif, attaqué corps à corps par un
» brigadier de chasseurs, reçut deux coups de sabre et ne
» dut son salut qu'au dévouement de quelques-uns de ses
» cavaliers.

» Il y eut pendant quelque temps un pêle-mêle complet,
» plein de risques, chaque chameau formant une citadelle
» ambulante, autour de laquelle les hommes qui les conduisent
» combattent avec avantage contre des cavaliers. On se rallia
» près de l'Oued-Djeddi avec toute la promptitude que com-
» mandaient les circonstances; l'infanterie du chérif était en
» pleine déroute. Le commandant resta sur le champ de
» bataille jusqu'à ce que l'ennemi, qui ne songeait qu'à fuir,
» eût disparu dans les brumes du Sahara. On vit longtemps,
» sur une montagne, un drapeau et quelques cavaliers :
» c'était sans doute le chérif qui donnait un point de ral-
» liement. Il resta isolé. 150 morts restèrent sur la place,
» jonchant le terrain de la charge; nombre de blessés et de
» gens étrangers au pays moururent de soif. 6 chasseurs,
» 1 spahis et 7 cavaliers du goum blessés, achetèrent de leur
» sang cette victoire.

» La résolution du commandant Collineau venait de pré-» server le Sud. »

Cette brillante affaire lui valut, le 5 juin 1852, le commandement titulaire de Biskra, et le 12 juin, la croix d'officier de la Légion d'honneur.

Promu lieutenant-colonel le 10 août 1853, il passa, en cette qualité, au 2e régiment de zouaves, et nous le trouvons, en 1854, commandant par intérim de la subdivision d'Orléansville, jusqu'au jour où, nommé colonel, il est placé à la tête du 1er régiment de zouaves.

Plus nous avançons dans la vie de Collineau, plus les succès se précipitent, et plus sa mémoire devient glorieuse pour ceux qui lui touchent.

Nous sommes arrivé à la campagne de Crimée. La France avait besoin de soldats énergiques, intrépides, braves jusqu'à l'audace pour opposer à la discipline froide et inébranlable des fantassins russes, pour s'élancer à la baïonnette sur ces batteries meurtrières et clouer sur leurs pièces ces canonniers qui, plutôt que de reculer, aimaient mieux se faire « hacher sur place. »

Toutefois, le 1er zouaves et son digne colonel ne prirent point part aux débuts de cette campagne. Laissons donc de côté l'entrée des flottes françaises dans la mer Noire, les brillantes journées de l'Alma et d'Inkermann, puisque notre héros ne s'embarqua pour la Crimée avec son régiment que le 18 avril 1855; et arrivons de suite à la prise de Sébastopol et à l'assaut de cette formidable Tour Malakoff, qui en fut l'événement saillant et décisif.

Depuis un an déjà, Sébastopol était investi, et l'on avait fini par reconnaître que la clef du système de défense de cette ville, c'était la Tour Malakoff. Pélissier avait reçu le commandement en chef, le beau temps revenait : les opérations purent donc être dirigées de ce côté avec une vigueur plus grande, et un premier assaut fut même donné, le 18 juin, contre les fortifications de Malakoff. Mais cette tentative, qui, on se le rappelle, nous coûta 3,000 hommes, demeura cependant infructueuse.

Nos soldats, irrités de cet insuccès, devaient bientôt prendre une revanche éclatante. Ce fut le 8 septembre.

Après un bombardement de trois jours, les armées alliées se décidèrent à attaquer définitivement Malakoff. C'était une sorte de forteresse en terre, armée de soixante-deux pièces d'artillerie de fort calibre, et qui couronnait un mamelon dominant la ville. L'occupation de cette position était donc le préliminaire nécessaire de la prise de Sébastopol.

A midi, on entend sonner la charge.

« Nos intrépides soldats, dit le maréchal Pélissier dans son » rapport, se précipitent sur les défenses de l'ennemi. Ce fut » un moment solennel... La largeur et la profondeur du fossé, » la hauteur et l'escarpement des talus rendent l'ascension » extrêmement difficile pour nos hommes; mais, enfin, ils par- » viennent sur le parapet garni de Russes qui se font tuer » sur place, et qui, à défaut de fusils, se font armes de pioches, » de pierres, d'écouvillons, de tout ce qu'ils trouvent sous leurs » mains. Il y eut une lutte corps à corps, un de ces combats » émouvants dans lesquels l'intrépidité de nos soldats et de » leurs chefs pouvait seule donner le dessus.... »

Collineau était là avec ses zouaves, au milieu de la mêlée la plus terrible, marchant à l'assaut sur des monceaux de cadavres. Blessé d'un coup de sabre et d'un coup de crosse de fusil sur la tête, il ne veut pas abandonner le champ de bataille. Aveuglé par le sang qui coule de ses deux blessures, il fait ceindre son front meurtri d'un bandage improvisé, et il reste au milieu de ses redoutables compagnons, le sabre au poing, la tunique en lambeaux, leur montrant le chemin de cette Tour Malakoff dont l'occupation doit être le couronnement de cette mémorable journée. C'est cette conduite au-dessus de tout éloge, c'est cette attitude remarquablement énergique de Collineau qui ont inspiré au peintre Yvon le sujet d'un de ses plus remarquables tableaux. Elève de Paul Delaroche, et, comme son maître, esclave de l'exactitude et de la vérité locales, l'artiste a eu à cœur de reproduire avec une scrupuleuse fidélité la physionomie du colonel de zouaves. Aussi sa toile, destinée à populariser et à perpétuer le souvenir d'un fait d'armes dont tout Vendéen a le droit d'être fier, a-t-elle été du nombre de celles qui firent sensation au Salon de 1857.

La ville des Sables-d'Olonne n'était pas non plus restée indifférente à la gloire dont venait de se couvrir l'un de ses enfants. Le Conseil municipal, se faisant l'écho des sentiments de toute la population, vota, sur la proposition de M. Guiod, maire alors, l'Adresse suivante au héros de Malakoff, Adresse dont nous copions le texte dans la *Gazette Vendéenne* du 6 octobre 1855 :

Le Conseil municipal et les habitants de la ville des Sables (Vendée),

A M. Collineau, colonel du 1er régiment de zouaves, en Crimée.

« Monsieur le Colonel,

» La population de votre ville natale a appris avec orgueil, » par le *Moniteur* du 27, le choix qui a été fait de vous et de » votre valeureux régiment pour marcher des premiers à » l'assaut de la Tour Malakoff. Elle se réjouit de l'éclatant » succès de ce haut fait d'armes, et rend grâces à la Provi- » dence qui a conservé vos jours, si précieux à la Patrie. Elle » espère que le sang que vous venez encore de verser sur ce » nouveau champ de bataille sera pour le souverain, si juste

» appréciateur de tous les mérites, une nouvelle occasion de » récompenser votre courageux dévouement.

» Daignez agréer, Monsieur le Colonel, l'expression des » sentiments d'admiration de vos bien dévoués et bien affec- » tionnés compatriotes soussignés. »

(Suivent les signatures, au nombre de deux cents environ, toutes des plus notables habitants des Sables-d'Olonne.)

Le colonel, sensible à ce souvenir sympathique de sa ville natale, s'empressa de répondre à cette Adresse par la lettre suivante, lettre aussi modeste qu'il avait été sublime :

« Monsieur le Maire,

» Je suis vraiment touché des sentiments bienveillants et » sympathiques que le Conseil municipal des Sables et mes » compatriotes veulent bien me témoigner à l'occasion de nos » derniers succès en Crimée, et particulièrement pour la » place que j'avais l'honneur d'occuper, en tête de la colonne » chargée d'enlever les ouvrages de Malakoff.

» Si j'ai été assez heureux, dans cette brillante affaire, de » m'acquitter de la tâche qui m'avait été confiée, j'en trouve » aujourd'hui la récompense bien flatteuse dans le vote de » votre Conseil municipal et l'expression des sentiments » affectueux de mes compatriotes.

» Veuillez, je vous prie, Monsieur le Maire, agréer mes » sincères remercîments pour la part que vous avez bien voulu » prendre à ce vote, et être assez bon pour les faire agréer aux » membres du Conseil et à mes compatriotes, en les assurant » que je conserverai une profonde reconnaissance pour leurs » bons sentiments à mon égard. »

D'un autre côté, ses compagnons d'Afrique n'étaient pas moins glorieux de leur colonel ; et le chef de bataillon resté à la tête du dépôt du 1er zouaves lui écrivait après Malakoff :

« Mon Colonel,

» J'ai été bien heureux, je vous assure, d'apprendre que
» vos blessures étaient légères. Tous nos messieurs ont par-
» tagé ma joie. Nous sommes tous fiers d'appartenir à un si
» beau régiment et d'avoir un colonel comme vous. »

Tant de bravoure avait également excité l'admiration de nos alliés. Aussi Collineau fut-il nommé compagnon de l'ordre britannique du Bain, et décoré du Medjidié de 3e classe et de la médaille de la Valeur Militaire de Sardaigne, lorsqu'il reprit, avec son régiment, le chemin de l'Afrique, après le traité de paix du 30 mars 1856.

Aussitôt son retour en Algérie, Collineau prit part à l'expédition de Kabylie, sous le commandement du maréchal Randon, et sa belle conduite dans le combat du 16 septembre 1856 le fit de nouveau citer à l'ordre de l'armée.

En 1857, il est encore de la nouvelle expédition de Kabylie. Cette même année, le maréchal de Mac-Mahon, en tournée d'inspection générale, passa en revue le 1er zouaves, et il laissa un *ordre*, daté du 3 août, assez flatteur pour que nous croyions devoir en reproduire textuellement quelques passages :

«... Le régiment est animé d'un excellent esprit militaire, il
» en a donné des preuves..... Dans les deux dernières expédi-
» tions, il s'est maintenu à la hauteur de sa réputation.....

» La discipline est bien maintenue.... La répression des
» fautes a été prompte, sévère, mais empreinte d'un sentiment
» de justice....., etc..... L'inspecteur a remarqué les soins
» donnés aux enfants de troupe.

» L'administration générale est probe et bien dirigée.

» En résumé, le 1er zouaves est un beau et bon régiment,
» *bien commandé* et bien administré. »

Voilà les sentiments qu'inspirait déjà le colonel Collineau, et l'opinion que ses chefs avaient de son mérite.

La guerre d'Italie vient à éclater au mois d'avril 1859.

A la suite du passage du Tésin par les troupes autrichiennes, l'empereur Napoléon III s'était mis lui-même à la tête de l'armée, divisée en quatre corps. La brigade Collineau fut désignée pour faire partie de la 2e division du 3e corps, commandé par le maréchal Canrobert.

Le 30 mai, pendant que le roi Victor-Emmanuel battait les Autrichiens à Palestro, et que les troupes françaises passaient la Sesia derrière lui, le 3e corps, auquel appartenait Collineau, tenait tête à 40,000 ennemis qui voulaient rompre le pont. L'armée réussit à passer le fleuve, mais ce ne fut pas sans des pertes sensibles, et nos zouaves furent même cruellement éprouvés.

A Magenta, le 4 juin, notre général ne prit part à l'action que vers la fin de la journée, mais le soir, il bivouaquait à 600 mètres de l'ennemi. Le lendemain matin, une vive fusillade s'engagea entre le 3e corps et un gros de cavalerie qui se disposait à le charger; mais la façon dont elle fut reçue par nos soldats l'obligea à battre en retraite, laissant sur le terrain 7 à 8,000 hommes, 3 à 4,000 fusils, 232 prisonniers et un nombre considérable de blessés.

Le 17 juin, il est élevé à la dignité de commandeur de la Légion d'honneur (1).

Le jour de la bataille de Solferino (24 juin), le 3e corps, dont faisait partie la brigade Collineau, avait été chargé, sur l'extrême droite de la ligne de combat, d'observer un corps ennemi dont on redoutait l'approche, et de garder la route de Mantoue par laquelle il devait arriver, d'après les informations

---

(1) Son brevet de commandeur de la Légion d'honneur portait le nº 49,886.

reçues. Cette colonne, qui était forte d'au moins 30,000 hommes, ne parut pas, fort heureusement pour nos soldats. En effet, toutes les troupes composant le 3e corps avaient été successivement appelées sur le champ de bataille pour porter secours au général Niel, qui tenait tête, depuis le matin, à des forces bien supérieures dans la plaine de Médole. En sorte que la brigade Collineau se fût trouvée *seule* pour garder la route de Mantoue et soutenir tout le choc de l'ennemi. « Nous aurions » pu nous faire tuer, disait le général lui-même, vendre » chèrement notre vie, et nous l'eussions fait, mais non pas » arrêter l'ennemi. »

Le roi de Sardaigne, témoin de sa valeur, lui décerna la décoration de commandeur de l'ordre des Saints Maurice et Lazare.

Rentré en France à la paix avec le reste de l'armée, il reçut le commandement d'une brigade d'infanterie à Paris (17 août), mais il le laissa bientôt pour être mis, le 13 novembre, à la tête de la 2e brigade du corps expéditionnaire de Chine.

On voit par toutes ces dates, qui toutes sont précises et contrôlées, que Collineau n'a guère dû connaître les loisirs de la vie de garnison.

Mais suivons-le en Chine.

Le 24 novembre 1859, il s'embarque à bord de la *Dryade*, et débarque à Tché-Fou le 1er juin suivant.

Le 1er août, c'est lui qui commande les troupes qui s'emparent du Pé-Tang ; et après avoir coopéré, le 14, à la prise du fort de Takou par le général Cousin-Montauban et le général anglais Grant, il se distingue d'une manière toute particulière dans l'attaque des forts du Peï-Ho.

Ces forts, placés sur les deux rives du fleuve, étaient retranchés d'une manière presque inexpugnable et défendus par des forces considérables : une poignée de braves eut raison de ces masses barbares. Tous les forts tombèrent en notre pouvoir; et le correspondant militaire du journal le *Monde Illustré*, qui suivait les opérations de l'armée, envoyait à son journal une lettre dont nous avons noté ce passage :

«..... Tout ce qui se trouvait dans les forts a été *baïonnetté*.
» De l'avis de tous, le mérite est surtout dû à l'entrain et à la
» bravoure de la brigade Collineau. C'est elle qui a eu, sans
» contredit, les honneurs de la journée. »

Notre général ne s'épargnait pas : c'est lui qui a commandé toutes les attaques, et il reçut une balle dans son épaulette.

M. Paul Varin, dans son *Histoire de l'Expédition de Chine*, raconte, avec des détails vraiment intéressants, toutes les phases de cette brillante affaire. Nous en extrayons seulement les lignes suivantes, relatives à la prise du deuxième fort :

«..... Pour arriver au deuxième fort, il fallait s'engager sur
» une chaussée pour gagner le premier fossé. Le général
» (Collineau), dirigeant en personne, passa à quatre pattes
» comme ses soldats sur une échelle placée horizontalement
» au-dessus du premier fossé.

» Les abattis qui défendaient l'abord du deuxième fossé dé-
» truits, on le franchit comme le premier, le général en tête.
» On passa enfin le troisième fossé. Pendant ce temps, la
» deuxième colonne française, qui était chargée d'attaquer le
» fort d'un autre côté, y était entrée sans combattre, l'ayant
» trouvé abandonné. A l'aide de cordes, ils hissèrent le gé-
» néral et sa colonne.

» Les généraux en chef arrivèrent. Le général anglais,
» émerveillé de l'intrépidité de notre général, et de la façon
» rapide avec laquelle il menait les choses, lui renouvela ses
» compliments de la matinée et lui abandonna, pour sa part,
» le soin de conduire le reste des opérations comme bon lui
» semblerait. Notre général, profitant de l'entière liberté d'ac-
» tion qu'on venait de lui donner, et pensant avec raison que
» l'ennemi serait plus traitable, envoya sommer le gou-

» verneur chinois de rendre les forts. La réponse n'arrivant
» pas aussi vite qu'il l'aurait voulu, il se mit à l'œuvre, et les
» trois autres forts furent forcés ou occupés, sans lutte de la
» part des défenseurs. »

(*Histoire de l'Expédition de Chine*, par Paul VARIN).

Un mois plus tard, les alliés, indignés des perfidies incessantes des Chinois dans toutes les négociations tentées jusqu'à ce jour, poussaient leur marche en avant dans la direction de Pékin. Le 21 septembre, ils se trouvèrent à Palikao, en face de 25 à 30,000 Tartares. Les Français n'étaient que 1,500 pour s'emparer du pont de granit qui traverse le canal de Pékin et se trouve sur la route dallée qui relie la capitale à Tang-chou-Fou. Malgré la supériorité du nombre des ennemis, nos soldats se forment en carrés à la hâte et reçoivent, sans broncher d'une semelle, la charge de la cavalerie tartare, armée de ses longues lances et montée sur d'excellents chevaux. Mais, il faut le dire aussi, cette poignée d'hommes était commandée (ce qui décuplait ses forces) par un des héros de Malakoff, par le général Collineau, le vainqueur de Peï-Ho, qui, après une heure de lutte, enlevait le fameux pont avec trois compagnies d'infanterie seulement.

Nous empruntons encore à l'histoire de M. Paul Varin quelques passages relatifs au combat de Palikao, parce qu'il y établit d'une manière aussi claire que précise la part active que prit à cette affaire notre général, marchant lui-même en avant, pour exciter ses soldats, comme autrefois à M'lili et à l'assaut de Malakoff.

Le général en chef commandait le 1er corps, Collineau le 2e; les Anglais attaquaient d'un autre côté. Dans l'action, la cavalerie tartare fit un mouvement tournant qui semblait une fuite à beaucoup d'officiers.

« ..... Le général Collineau, avec son coup d'œil rapide et
» son grand sens militaire, ne se méprit pas à ce faux

» semblant, et jugeant parfaitement la manœuvre de l'ennemi, » il disposa rapidement sa faible troupe de manière à le bien » recevoir.

» Tout à coup deux énormes masses de cavalerie, de 10 à » 12,000 hommes chacune, s'avancent au galop, l'une sur le » général Collineau. . . . .

» L'heure était solennelle. Nos petits pelotons, presque im- » perceptibles au milieu d'une vaste plaine, disparurent alors » comme submergés dans cette avalanche d'hommes et de » chevaux. Chaque soldat comprit que la moindre hésitation » entraînerait la perte de tout le monde; et, ferme à son » rang, sous le regard calme et rassuré de l'héroïque Col- » lineau, en qui revivait l'âme du maréchal Ney, attendit » froidement le choc. . . . .

» Notre général avance, rencontre sur sa route une sorte de » bois couvrant de magnifiques tombeaux en marbre, derrière » lesquels des tirailleurs chinois, en grand nombre, se tenaient » embusqués. Les chasser de cette position, après en avoir » fait un grand carnage, fut pour lui l'affaire d'un instant.

» Notre général arrive au pont, d'où partaient des volées » de coups de canon; il place sa batterie de 4 de façon à battre » le pont en *écharpe*, tandis que sa batterie de 12 le battait de » *plein fouet*. Tous les canonniers chinois moururent à leur » poste.

» Notre général, impatienté de la ténacité de l'ennemi à se » défendre, forma une colonne d'attaque et s'élança à sa tête, » suivi de quelques officiers. Les troupes, qui ne pouvaient » suivre l'allure de son cheval que, dans son ardeur, il avait » lancé au galop, le rejoignirent au moment où seul, en avant » de ses officiers, il s'engageait sur l'arête du pont. Ce fut » pour l'armée un magnifique spectacle que ce héros de Ma- » lakoff, marchant le premier, à distance des siens et sous une » grêle de balles, vers les maisons pleines d'ennemis, situées » de l'autre côté du canal. »

Le général en chef, Cousin-Montauban, depuis devenu comte de Palikao, avait été témoin de cette brillante conduite ; et il terminait son rapport au ministre de la guerre par ces lignes consacrées au héros sablais :

« Je crois devoir signaler, d'une façon toute spéciale, à » Votre Excellence, le général Collineau, qui, dans cette lutte » sanglante, a déployé la bravoure et l'énergie que vous lui » connaissez. Je ne saurais trop rendre hommage au calme et » à l'intelligence de la guerre avec lesquels il a dirigé les opé» rations. Cet officier général a eu, pendant l'assaut, son » épaulette droite traversée par une balle. »

Le 6 novembre 1860, Collineau était élevé au grade de général de division.

Hélas ! ce soldat invincible, vaillante nature que n'avaient pu abattre ni les fatigues ni les dangers, ce héros, au front couronné de nobles cicatrices, qui ambitionnait peut-être de finir sa belle existence sur l'un de ces champs de bataille où il s'était couvert de gloire, devait succomber tristement à l'instant le plus brillant de sa carrière militaire, victime de l'épidémie variolique qui décimait la ville de Tien-Tsin, dont il avait le commandement supérieur.

Le 4 janvier 1861, en effet, Collineau était atteint par le fléau. Déjà même on concevait l'espoir de le sauver, lorsque, le 13, il fut frappé d'une paralysie qui le conduisit au tombeau deux jours après. Il n'eut pas la satisfaction de connaître, avant de mourir, le décret qui venait de le nommer général de division : lorsque la nouvelle parvint à Tien-Tsin, Collineau n'existait plus.

Nous sera-t-il permis maintenant, à nous, simple biographe, de risquer un mot sur l'homme de guerre comme nous l'avons fait sur l'homme privé? Ce sera toucher à des questions qui nous sont bien étrangères assurément; mais l'étude consciencieuse que nous avons faite du caractère du général, de sa nature, de ses actes, de sa vie tout entière, nous enhardit à venir dire ce que nous croyons être l'appréciation exacte et sincère d'un homme tel que Collineau.

Résolu, énergique et calme à la fois, Collineau ne pouvait pas être un émule du *Fabius Cunctator* des Romains. Formé, au contraire, à l'école de nos généraux d'Afrique; habitué dès sa jeunesse à cette vie aventureuse et pleine de dangers imprévus qu'il avait menée dans ses expéditions en Kabylie, il avait contracté cette habitude de juger vite et d'exécuter de même. Une fois sa décision prise, plus de lenteurs, plus de temporisations : il ne songeait qu'à agir. Avec la connaissance profonde qu'il avait du soldat français, un général devait, selon lui, tirer parti de cette bouillante *furia francese* qui rendait nos « petits troupiers » si terribles dans les attaques à la baïonnette. Aussi, n'hésitait-il pas un instant, en homme d'action qu'il était, à sacrifier d'un seul coup le nombre d'hommes nécessaires pour obtenir le succès, plutôt que de rechercher des ménagements et des lenteurs souvent chèrement payés. « Au premier » coup d'œil, disait-il, les pertes paraissent plus énormes, » produisent une impression plus douloureuse dans le premier » cas ; mais dans le dernier cas, en fin de compte, on voit qu'en » voulant épargner le sang des siens, on n'a fait qu'en répandre » davantage.... » Tel était son système, celui qu'il a appliqué dans toutes les occasions où il a été appelé à commander. Ajoutons qu'il lui a toujours réussi, car Collineau a été un de ces rares généraux qui n'ont jamais connu que la victoire.

D'un point de départ bien modeste, il était parvenu à l'une des plus hautes positions militaires; et il avait toujours su se maintenir à la hauteur de son rang, sans oublier cependant ses premiers pas dans la carrière. Aussi cet officier avait-il acquis sur ses hommes un ascendant vraiment extraordinaire.

Colonel à la tête de ses zouaves, ou général à la tête de sa brigade, il imposait à tous par son attitude, il les tenait, comme on dit, *dans sa main*, et lorsqu'il donnait l'ordre de marcher en avant, tous s'élançaient alors comme un seul homme à la suite de celui qui leur donnait si bien l'exemple du véritable courage. Collineau, en un mot, n'avait pas seulement la confiance du soldat, il en avait conquis toute la sympathie et toute l'admiration, deux choses qui décuplent les forces d'un chef de corps.

Nos paroles ne seraient rien, si elles n'étaient corroborées par des autorités éminemment compétentes, par les chefs mêmes qui l'ont vu à l'œuvre, et notamment par les maréchaux Pélissier et Randon et le général Cousin-Montauban, trois hommes qui s'y connaissaient en soldats.

Le premier d'entre eux, même avant la campagne de Crimée et la prise de Malakoff, notait Collineau comme « un » officier d'un mérite réel, d'une rare énergie, plein de déci- » sion, d'une raison supérieure, ardent à la guerre, et ayant » toutes les qualités du commandement. »

Le maréchal Randon disait de lui « qu'il était intrépide dans » l'attaque, plein de sang-froid dans la retraite, et qu'il justi- » fiait dans toutes les occasions la confiance de ses chefs et » celle de ses soldats. »

Quant au comte de Palikao, on se rappelle dans quels termes il rédigeait son rapport au ministre de la guerre, à la suite de la brillante journée du 21 septembre 1860.

---

*
* *

Nous sommes arrivés à la partie la plus pénible de notre travail, à la mort de notre héros ; mais ce récit, tout triste qu'il soit, n'est pas sans offrir aussi ses consolations. Collineau, après avoir été le modèle du soldat pendant sa vie, a voulu montrer comment on doit mourir. C'est qu'au milieu des hasards d'une existence aussi agitée que la sienne, le général avait su conserver intacte, au fond de son cœur, cette foi qui donne le vrai courage ; il avait gardé le souvenir de ces premiers principes religieux et moraux qu'une bonne mère a bien soin d'enseigner à son fils enfant. Aussi, lorsque, condamné par ses médecins et pleuré déjà par tous ceux qui l'entouraient, Collineau vit qu'il n'y avait plus d'espoir, il accueillit sa sentence avec cette sérénité et ce sang-froid qui ne l'avaient jamais abandonné dans les combats, et reçut les secours de la religion avec une piété pleine de résignation. Pas une plainte, pas une parole amère. C'est à peine si de temps à autre on l'entendait dire du ton le plus calme et comme s'il se fût agi d'un autre que lui-même : « C'est tout de même ennuyeux de mourir de la sorte ! »

Nous ne saurions faire nous-même le récit de cette belle fin, bien digne de l'existence toute entière. Ecoutons plutôt un témoin de ces scènes touchantes ; laissons parler celui-là même qui a assisté le général à l'heure suprême, M. l'abbé de Séré, aumônier du corps expéditionnaire en Chine.

Le 19 janvier 1861, il écrivait de Tien-Tsin au R. P. Collineau, frère du général :

« Ami et grand admirateur du général Collineau, j'éprouve » une bien vive douleur en vous annonçant aujourd'hui la » triste nouvelle de sa mort.

» Mes regrets et ceux de l'armée toute entière ne seront » pas, il est vrai, un soulagement à votre trop légitime affliction. Cependant, Monsieur l'abbé, laissez-moi vous dire que » la triste nouvelle qui vous émeut à tant de titres a excité des » regrets unanimes, non-seulement parmi nos officiers, » auxquels il laisse un si bel exemple, mais encore parmi les » étrangers, Russes et Anglais, qui sont venus briguer l'honneur de témoigner la grande part qu'ils prennent à notre » admiration et à notre deuil.

» Mais il est un autre genre de consolation que je puis offrir » à votre cœur de prêtre et de frère. Le général Collineau » commença à se sentir indisposé le 1er janvier, et le 4, une » petite vérole se déclara ; mais la marche de cette maladie » était régulière et n'offrait aucun danger : la guérison » même s'annonçait heureusement, lorsque, le 13 au soir, un » malaise inusité fut le précurseur d'une paralysie qui occupa » toute la partie inférieure de son corps. L'invasion de cette » nouvelle maladie ne lui a pas laissé un seul instant d'illusion ; » mais pas une plainte ne s'est échappée de sa bouche, et sa » résignation aux décrets éternels n'est assurément pas l'un » de ses moindres mérites. Le 14, il n'a pas voulu attendre » que son esprit affaibli ne fût plus en état de goûter les » grandes consolations que procurent les sacrements de » l'Église ; au contraire, il a voulu posséder son âme toute » entière, pour s'en appliquer tous les fruits. Aussi, après sa » confession, durant la réception de l'extrême-onction, son » aide de camp et tous ceux qui se trouvaient chez lui ont-ils » été édifiés de sa foi et de sa soumission à la volonté du bon » Dieu. Le lendemain, sa paralysie avait fait de rapides

» progrès ; vers midi, il ne nous reconnaissait plus que diffi-
» cilement ; à deux heures, je lui ai donné l'indulgence plénière
» *in articulo mortis*, et à cinq heures du soir, il rendait sa
» belle âme à Dieu..... »

Le 25 juin 1861, M. l'abbé de Séré écrivait encore au frère du général, qui a bien voulu nous communiquer ces précieux détails :

« ..... Laissez-moi vous entretenir de ce cher défunt, et
» recevez-en mes remercîments bien sincères, car notre
» regrettable général était pour moi plutôt un ami qu'un chef,
» et c'est à ce titre que j'ai eu le bonheur de l'apprécier et de
» l'aimer. Sans doute les différences d'âge et de fonctions
» avaient mis toute l'aménité et les prévenances de son côté ;
» mais nous nous étions compris ; et nos conversations fré-
» quentes et prolongées étaient pour lui un repos et une dis-
» traction à ses nombreuses affaires, pour moi un agrément
» et une instruction. . . . .

» Il est vrai, Monsieur l'abbé, il est bien cruel de mourir
» loin des siens, n'ayant que des mains et des cœurs étrangers
» pour le soigner, de mourir avant d'apprendre sa nomination
» au grade qui lui promettait un peu de repos, de mourir
» d'une maladie épidémique, après les avoir toutes traversées
» et avoir affronté tous les dangers. Mais il est beau de sentir
» tout cela dans son âme, de voir la mort s'avancer à grands
» pas, et de ne point trahir la moindre émotion..... »

Voilà ce qu'écrivait le digne aumônier. Nous avons reproduit des passages entiers de sa correspondance sans y rien changer ; ajoutons qu'elle est confirmée en tous les points par la lettre que l'aide de camp du général adressait lui-même de son côté à la famille Collineau pour lui annoncer la fatale nouvelle.

Les restes du général ne reposent pas, hélas ! sur ce sol français qu'il avait tant aimé, et pour lequel il avait tant de fois versé son sang ! Malgré les démarches faites pour obtenir qu'ils fussent ramenés en France, il en fut décidé autrement ; et pour se conformer au vœu exprimé par les officiers généraux et supérieurs de l'expédition de Chine, on fit transporter son corps de Tien-Tsin à Pékin, où il repose dans le cimetière catholique français, ainsi que les sept victimes de la perfidie chinoise (1), sous un monument destiné, suivant les termes mêmes de M. l'abbé de Séré, « à perpétuer le souvenir de la » trahison des Tartares, et à redire le nom de l'illustre général » qui a si puissamment contribué à punir cette trahison. »

Dans une lettre que M. l'aumônier du corps expéditionnaire écrivait de Shang-Haï, le 24 décembre 1861, au R. P. Collineau, frère du général, nous trouvons les détails suivants sur la cérémonie funèbre :

« ..... Dans les premiers jours de juillet, MM. le général » O'Malley, le chirurgien en chef, plusieurs officiers et moi, » nous rendîmes de très bonne heure au cimetière de Tien- » Tsin, pour assister à l'exhumation du corps de notre brave » et regrettable général. La bière fut placée sur une jonque » avec un piquet d'honneur, et plusieurs officiers désignés » par le général accompagnèrent ce triste cortége jusqu'à » Pékin. Le service de mon hôpital ne m'a point permis de » m'y joindre. Nos zélés Lazaristes avaient déjà préparé un

(1) On se rappelle qu'à la suite des combats du Peï-Ho, les négociations furent reprises, et qu'il fut convenu que les troupes anglo-françaises s'établiraient à Tong-Tcheou. Sur la foi de l'armistice, vingt-six Anglais et une douzaine de Français s'étaient rendus, à l'avance, dans cette ville pour y préparer des logements. Ils furent arrêtés, et ce ne fut qu'après la prise de Pékin qu'on put connaître leur sort : la moitié avait péri dans les tortures, et les autres ne furent rendus qu'à la paix, après avoir subi, eux-mêmes, les plus odieux traitements. On fit aux victimes qui avaient succombé des obsèques solennelles, et leurs restes furent enterrés dans le même tombeau que ceux du général Collineau.

» magnifique autel et un superbe catafalque sous lequel » étaient déjà placées nos sept victimes. Une touchante et im- » posante cérémonie fut faite par Mgr Smaurenburg, pro- » vicaire apostolique de Pékin, qui prononça à cette occasion » des paroles admirablement adaptées à la circonstance. »

Nous avons dit ce que fut Collineau pendant sa vie, nous avons dit ce qu'il fut à l'heure suprême. Ne nous sera-t-il pas permis, en terminant cette notice, d'adresser encore à sa mémoire ces belles paroles de l'éloquent évêque de Meaux sur la tombe du prince de Condé :

« *Tel qu'on l'avait vu dans tous les combats, résolu, paisible,* » *occupé sans inquiétude de ce qu'il fallait faire pour les soute-* » *nir, tel fut-il à ce dernier choc. Et la mort ne lui parut pas* » *plus affreuse, pâle et languissante, que lorsqu'elle se présente* » *au milieu du feu sous l'éclat de la victoire.....* »

Ainsi s'est éteint ÉDOUARD-ISAÏE COLLINEAU, le 15 janvier 1861, à Tien-Tsin, à l'âge de cinquante ans à peine.

La France perdait en lui un de ses meilleurs généraux d'action, la Vendée une de ses gloires les plus pures, la ville des Sables-d'Olonne un de ses plus illustres enfants !

L. V.

Août 1877.

PIÈCES JUSTIFICATIVES

ACTE DE NAISSANCE DE ÉDOUARD-ISAIE COLLINEAU.

L'an 1810, le 23 du mois de novembre, quatre heures du soir, pardevant nous Simon-François-Xavier Ferry, maire de la commune des Sables, canton des Sables, département de la Vendée, faisant fonctions d'officier de l'état civil, soussigné, a comparu Guy-Charles Collineau, âgé de 45 ans, profession de marchand de vin en gros, domicilié de cette commune, lequel nous a présenté un enfant du sexe masculin, né en cette commune, rue de la Concorde, section B, le 22 de ce mois, à huit heures du soir, *de lui déclarant, et de Catherine Macouin, âgée de 32 ans, son épouse, et auquel il a déclaré vouloir donner les noms de* Edouard-Isaïe; *lesdites présentation et déclaration faites en présence de Aimé Macouin, âgé de 67 ans, profession de capitaine de navire, domicilié de cette commune, grand-père de l'enfant du côté maternel, premier témoin, et de Jacques Guignard, âgé de 50 ans, huissier aux contributions, domicilié de cette commune, second témoin. Et ont, les père et témoins, signé avec nous le présent acte de naissance, après qu'il leur en a été donné lecture.*

Signé : FERRY, maire; Aimé MACOUIN;
COLLINEAU; GUIGNARD.

MINISTÈRE
de la
GUERRE
—
Archives.
—

EMPIRE FRANÇAIS

ARMÉE D'ORIENT

Médaille instituée par S. M. la Reine d'Angleterre.

Le général commandant la division d'Alger certifie que M. COLLINEAU *(Edouard-Isaïe), colonel du 1er régiment de zouaves, a fait partie de l'expédition de Crimée depuis le 18 avril 1855 jusqu'au 21 avril 1856, et a obtenu la médaille instituée par Sa Majesté la Reine d'Angleterre*

Il a assisté au siége de Sébastopol, ce qui lui donne droit à une agrafe.

Blidah, 20 novembre 1856.

Le général commandant,
Signé : (Illisible).

Vu et enregistré :
Au ministère de la guerre
sous le n° 112,289.

Vu pour autorisation :
Et enregistré à la grande chancellerie de
l'ordre impérial de la Légion d'honneur
sous le n° 129,520.

MINISTÈRE
de la
GUERRE

—

Archives.

—

EMPIRE FRANÇAIS

Médaille commémorative de la campagne d'Italie.

Le maréchal de France, ministre secrétaire d'Etat de la guerre, certifie que M. le général de brigade COLLINEAU (Edouard-Isaïe) *a fait la campagne d'Italie, et a obtenu la médaille instituée par décret impérial du 11 août 1859.*

Paris, le 30 novembre 1859.

Signé : RANDON.

Vu et enregistré :
Au ministère de la guerre
sous le n° 94,488.

Vu pour autorisation :
Et enregistré à la grande chancellerie de
l'ordre impérial de la Légion d'honneur
sous le n° 51,445.

CORPS
expéditionnaire
DE CHINE

ACTE DE DÉCÈS DU GÉNÉRAL COLLINEAU (1)

Nous, soussigné, Jean-Félix-Stanislas Rodet, sous-intendant militaire de 2e classe, à Tien-Tsin (Chine), remplissant les fonctions d'officier d'état civil, certifions qu'il résulte du registre destiné à l'inscription des actes de l'état civil faits hors du territoire français, pour l'état-major de l'armée de Chine, que M. Edouard-Isaïe COLLINEAU, *général de brigade* (sic), *fils de Guy-Charles et de Catherine Macouin, né le 22 novembre 1810, aux Sables-d'Olonne* (*Vendée*), *est décédé à Tien-Tsin* (*Chine*), *par suite de paraplégie consécutive à une variole confluente épidémique, le quinze janvier mil huit cent soixante et un, à cinq heures du soir, d'après la déclaration à nous faite, le 15 janvier 1861, par les trois témoins mâles et majeurs voulus par la loi, lesquels ont signé au registre avec nous.*

A Tien-Tsin, le quinze janvier mil huit cent soixante et un.

Pour extrait conforme :

Signé : RODET.

(1) Une expédition de cette pièce a été adressée, le 20 janvier 1861, au ministre de la guerre.

Une autre expédition a été adressée, le même jour, à M. le maire des Sables-d'Olonne (Vendée).

MINISTÈRE
de la
GUERRE
—
DIRECTION
du
PERSONNEL
—
BUREAU
des Etats-Majors
et des
Notes militaires.
—

LETTRE ADRESSÉE A COLLINEAU (1)

PAR LE MINISTRE DE LA GUERRE

Pour lui annoncer sa nomination au grade de général de division.

Général,

J'ai l'honneur de vous annoncer que, par décret du 6 novembre courant, l'Empereur vous a promu au grade de général de division, dans la 1re section du cadre de l'état-major général.

Vous prendrez, en conséquence, les marques distinctives de votre nouveau grade, et vous restez à la disposition du général commandant l'expédition.

Recevez, général, l'assurance de ma considération la plus distinguée.

Le maréchal de France, ministre secrétaire d'Etat de la guerre,

Signé : RANDON.

A M. le général Collineau (Edouard-Isaïe), commandant une brigade à l'expédition de Chine.

(1) Cette lettre n'est parvenue à Tien-Tsin qu'après la mort du général.

Nous avons tenu à la reproduire au nombre des pièces justificatives, parce qu'on a pu remarquer que l'acte de décès de Collineau ne le désigne que sous le titre de *général de brigade*, alors qu'il était bien réellement *général de division*, au moment où il a succombé.

Fontenay-le-Comte. — Imprimerie Ch. Caurit.

www.ingramcontent.com/pod-product-compliance
Ingram Content Group UK Ltd.
Pitfield, Milton Keynes, MK11 3LW, UK
UKHW022147190726
13855UKWH00004B/1382

9 782013 044837